BEI GRIN MACHT SICH IHR WISSEN BEZAHLT

- Wir veröffentlichen Ihre Hausarbeit, Bachelor- und Masterarbeit
- Ihr eigenes eBook und Buch - weltweit in allen wichtigen Shops
- Verdienen Sie an jedem Verkauf

Jetzt bei www.GRIN.com hochladen und kostenlos publizieren

Bibliografische Information der Deutschen Nationalbibliothek:

Die Deutsche Bibliothek verzeichnet diese Publikation in der Deutschen Nationalbibliografie; detaillierte bibliografische Daten sind im Internet über http://dnb.d-nb.de/ abrufbar.

Dieses Werk sowie alle darin enthaltenen einzelnen Beiträge und Abbildungen sind urheberrechtlich geschützt. Jede Verwertung, die nicht ausdrücklich vom Urheberrechtsschutz zugelassen ist, bedarf der vorherigen Zustimmung des Verlages. Das gilt insbesondere für Vervielfältigungen, Bearbeitungen, Übersetzungen, Mikroverfilmungen, Auswertungen durch Datenbanken und für die Einspeicherung und Verarbeitung in elektronische Systeme. Alle Rechte, auch die des auszugsweisen Nachdrucks, der fotomechanischen Wiedergabe (einschließlich Mikrokopie) sowie der Auswertung durch Datenbanken oder ähnliche Einrichtungen, vorbehalten.

Impressum:

Copyright © 2016 GRIN Verlag, Open Publishing GmbH
Druck und Bindung: Books on Demand GmbH, Norderstedt Germany
ISBN: 9783668290013

Dieses Buch bei GRIN:

http://www.grin.com/de/e-book/336178/die-schuldigkeit-des-alten-moor-in-schillers-die-raeuber

Melanie Jansen

Die Schuldigkeit des Alten Moor in Schillers "Die Räuber"

GRIN Verlag

GRIN - Your knowledge has value

Der GRIN Verlag publiziert seit 1998 wissenschaftliche Arbeiten von Studenten, Hochschullehrern und anderen Akademikern als eBook und gedrucktes Buch. Die Verlagswebsite www.grin.com ist die ideale Plattform zur Veröffentlichung von Hausarbeiten, Abschlussarbeiten, wissenschaftlichen Aufsätzen, Dissertationen und Fachbüchern.

Besuchen Sie uns im Internet:

http://www.grin.com/

http://www.facebook.com/grincom

http://www.twitter.com/grin_com

Eberhard Karls Universität Tübingen
Deutsches Seminar
Neuere deutsche Literaturwissenschaft
Proseminar I / Einführungsseminar
SS 2016

Die Schuldigkeit des „Alten Moors" in Schillers „Die Räuber"

Der Charakter des Vaters im Hinblick auf die Schuldfrage im Erstlingswerk Schillers - Eine Analyse

Inhaltsverzeichnis

1. Einleitung 3
2. Die Schuldigkeit des „Alten Moors" 4
    2.1. Karl – „Verbrecher aus verlorener Liebe" 4
    2.2. Franz – „Selbsthelfer als Verbrecher" 9
3. Fazit 10
4. Literaturverzeichnis 11

1. Einleitung

„Der alte Moor, ein allzu schwacher nachgebender Vater, Verzärteler und Stifter vom Verderben und Elend seiner Kinder."[1], schrieb der Theaterzettel zur Uraufführung der Räuber in Mannheim am 13. Januar 1782 und wagte damit eine erste, kurz umrissene Charakterisierung des Vaters im Hinblick auf dessen Schuldigkeit an dem Leid und Elend seiner Söhne. Umso verwunderlicher scheint es, dass seither der überwiegende Teil der Forschungsliteratur bei der Bearbeitung der Schuldfrage nicht den Vater ins Zentrum seines Gedankenganges rückt, sondern die Söhne des Grafen in den Mittelpunkt der Untersuchung stellt. Betrachtet man die hier vorgestellte kurze Charakterisierung aber einmal mit der Ernsthaftigkeit, die diesem Dokument als damaligem Werbe- und Informationsmittel der Uraufführung zusteht, so kommt zwangsläufig die dringende Frage auf, welchen Anteil der Vater an der Katastrophe eigentlich wirklich hat und inwieweit die Katstrophe Folge seines Charakters und Verhaltens darstellt. Diese Arbeit soll daher der Versuch sein, auf diese Fragen eine Antwort zu finden.

Um die Schuldigkeit des Vaters jedoch näher untersuchen zu können, ist es zunächst notwendig, den Gegenstand einer möglichen Schuld zu definieren. Anknüpfungspunkt sollen hier die Zerstörung der Familienbande und die Todesfälle Amalias, des Vaters, Karls, der Opfer der Räuberbande, sowie der Tod von Franz sein. Die Todesfälle Amalias, des Vaters und die der Opfer der Räuberbande werden in dem Stück direkt von Karl oder auf dessen Befehl hin verübt. In der vorliegenden Arbeit soll daher im ersten Teil der Fokus darauf gelegt werden, ob die Handlungen Karls in dem Stück unmittelbar auf ein Verhalten seines Vaters ihm gegenüber zurückzuführen sind und dieser sich damit mitschuldig machte, oder ob Karl alleine die Schuld an diesen Todesfällen zugesprochen werden kann. Hierbei soll vor allem die Frage beleuchtet werden, ob Karls Verhalten auf die List seines Bruders zurückzuführen ist, und wenn ja, welchen Anteil sein Vater am Zustandekommen der List hat. Im zweiten Teil soll dann Franz und das Verhältnis des Vaters zu diesem in das Zentrum der Betrachtung gerückt werden. Wichtig wird die Frage sein, ob Franz als Urheber der List gegenüber Karl die Hauptschuld zugesprochen werden kann, oder ob sein Vater durch sein Verhalten Franz erst zu dem Verbrecher machte, den er letztendlich darstellt und damit die Kausalkette der Katastrophe angestoßen hat. Am Ende sollte diese Arbeit eine Antwort bieten auf die Frage, ob der Graf von Moor tatsächlich, wie der Mannheimer Theaterzettel das schon 1782 formulierte, Schuld am Unglück seiner Kinder ist und falls ja, welches Maß an Schuld er auf sich geladen hat.

---

[1] Zeller, Bernhard/Scheffler, Walter: Die Bilder. In: Bernhard Zelle (Hg.): Schillers Leben und Werk in Daten und Bildern. Frankfurt a. M. 1966, S. 205 – 449, hier S.265, Abbildung Nr. 108.

2. Die Schuldigkeit des „Alten Moors"

Im Folgenden soll die Schuldigkeit des Vaters erörtert werden. Wie beschrieben wird zunächst der Fokus auf Karls Verhalten und den Anteil des Vaters an diesem liegen, den zweiten Teil bildet dann die Auseinandersetzung mit dem Verhältnis zwischen Vater und Sohn Franz.

2.1. Karl – „Verbrecher aus verlorener Liebe"

Betrachtet man die Schuldigkeit des Vaters an den Todesfällen näher, so wird man zunächst feststellen, dass der Vater selber keinen einzigen Mord an einer Person verübt. ‚Tatnächster' ist (ausgenommen der Tod von Franz) stets Karl. Karl tötet den Grafen von Regensburg („der Dolch stak in seinem Bauch […]" (II, 3, S.65))[2], Karl selber gibt den Befehl, die Stadt, in der Roller getötet werden soll, in Brand zu setzen, („Itzt, sagt der Hauptmann, brennt an, brennt an!" (II, 3, S. 68)), Karl selber führt die Räuberbande an im Kampf gegen Husaren, Dragoner und Jäger („Ich fühle eine Armee in meiner Faust – Tod oder Freiheit!" (III, 2, S.80)). Karl ist es auch, der durch die Offenbarung, Hauptmann zu sein, den endgültigen Tod seines Vaters veranlasst („Der alte Moor gibt seinen Geist auf." (V, 2, S.144)) und er selber ersticht Amalia („Moors Geliebte soll nur durch Moor sterben!" (V, 2, S.147)). All diese Todesfälle sind dabei auf Karls Entschluss, Räuberhauptmann zu werden, zurückzuführen. Es stellt sich daher die Frage, wieso Karl Hauptmann wurde und welchen Anteil sein Vater an diesem Entschluss hat, um herauszufinden, welche Schuld den Vater an den von Karl begangenen Todesfällen trifft.

Obwohl Karl zu Anfang des Stückes mit rebellischen Äußerungen auffällt („Stelle mich vor ein Heer Kerls wie ich, und aus Deutschland soll eine Republik werden […]." (I, 2, S.23)), hegt er zu diesem Zeitpunkt durchaus den Wunsch, in den Schoß seines Vaters zurückzukehren, sobald dieser seinen reumütigen Brief mit Vergebung beantwortet hat. („Schon die vorige Woche hab ich meinem Vater um Vergebung geschrieben […]. Lass uns Abschied nehmen, Moritz." (I, 2, S.27 f.)) Anhand mehrerer Zitate Karls wird deutlich, dass dieser tatsächlich erst den Entschluss zur Anführung einer Räuberbande fasst, als er die Nachricht bekommt, der Vater wende die Hand von ihm. Schon in der zweiten Szene des ersten Aktes nach Erhalt des von Franz geschriebenen Briefes macht Karl deutlich, woher sein plötzlicher Hass und sein Wille, mit einer Räuberbande auszuziehen, kommen. Er spricht von „Blutliebe", die „zur Verräterin" wird und jede „Faser" dazu brächte sich zu „Grimm und Verderben" zu strecken, verknüpft den Ausruf „Ist das Vatertreue" mit dem Ausruf „Oh, ich möchte den Ozean vergiften […]!" (alles: I, 2, S.35) und lässt den Entschluss „[…], ich bin euer Hauptmann!" (I, 2, S.36) auf

---

[2] Zitate Friedrich Schillers „Die Räuber" werden nachfolgend (unter Angabe von Akt, Szene und Seitenangabe) im Text nachgewiesen, wobei folgende Ausgabe zugrunde liegt: Friedrich Schiller: Die Räuber. Ein Schauspiel. Stuttgart 2001.

Todesfantasien gegenüber dem Vater folgen („Ha! Wer mit itzt ein Schwert in die Hand gäb […]!" (I, 2, S.35)). Seinen Entschluss besiegelt Karl mit den Worten „Ich habe keinen Vater mehr, ich habe keine Liebe mehr, und Blut und Tod soll mich vergessen lehren, dass mir jemals etwas teuer war!" (I, 2, S.36). Dieter Borchmeyer bezeichnet in seinem Aufsatz „Die Tragödie vom verlorenen Vater" Karl daher auch als „Verbrecher aus verlorener Liebe"[3] und Gert Sautermeister schreibt in seinem Beitrag zu Matthias Luserke-Jaquis Schiller-Handbuch, die nahezu gesamte Forschung sehe den Ursprung in Karls Entschluss Hauptmann zu werden, darin, dass Karl durch die List seines Bruders den Eindruck gewinnt, der Vater habe ihm die Vergebung verwehrt.[4] Auch Schiller selbst äußert sich in seiner Selbstrezension zu dem Stück dahingehend, dass Karls Anführung der Räuber und sein Menschenhass nur auf seiner „Privaterbitterung gegen den unzärtlichen Vater"[5] beruhe. Es ist also offensichtlich, dass erst die vermeintliche Entziehung der Vaterliebe den Sohn in blinden Hass gegen die Menschheit stößt und erst in dem Moment, in dem der Vater sich von dem Sohn lossagt, für diesen die natürliche Weltordnung zerbricht, in der Gott, Vater und Sohn eine miteinander verbundene Ordnung bilden. Karl wird zum Hauptmann durch die List seines Bruders.

Wenn Karl aber, wie oben festgestellt, die Todesfälle auf Grund seines Lebens als Räuberhauptmann zu verantworten hat und die List des Bruders ihn zu dem Räuberhauptmann machte, so muss, um die Schuldigkeit des „Alten Moors" bewerten zu können, die Frage gestellt werden, ob der Vater die List des Bruders hätte verhindern können. Hierbei erscheint es für eine mögliche Antwort sinnvoll, den am Anfang des Stücks stehenden Dialog zwischen Vater und Franz näher zu beleuchten. Franz versucht dort alles, um den Vater von Karl zu trennen. Mit vielen Andeutungen liest er vor, Karl habe „vierzigtausend Dukaten Schulden", eine „Tochter […] entjungfert" und „einen braven Jungen […] auf den Tod verwundet" (alles I, 1, S.1) und führt dem Vater die Möglichkeit vor Augen, sich von dem Sohn zu trennen („Nun also – wenn Ihr dieses Sohnes Euch entäußertet?" (I, 1, S.16). Insbesondere versucht Franz hierbei dem Vater immer wieder einzureden, die Sorge um Karl würde sein Leben allzu schnell beenden („Dieser Kummer wird Euer Leben untergraben." (I, 1, S.16)) und verstärkt diese Sorge, indem er seinen Vater gleich zu Anfang an mehrfach um sein Wohlergehen befragt („Aber ist Euch auch wohl, Vater? (I, 1, S. 11)), ihn mit „alter Mann" betitelt (I, 1, S.11) und seine Gesichtsfarbe

---

[3] Borchmeyer, Dieter: Die Tragödie vom verlorenen Vater. Der Dramatiker Schiller und die Aufklärung - Das Beispiel der "Räuber". In: Helmut Brandt (Hg.): Friedrich Schiller - Angebot und Diskurs. Zugänge, Dichtung, Zeitgenossenschaft. Berlin/Weimar 1987, S. 160 -184, hier S. 169.
[4] Vgl. Sautermeister, Gert: Schiller: Die Räuber. Ein Schauspiel (1781). In: Matthias Luserke – Jaqui (Hg.): Schiller-Handbuch. Leben-Werk-Wirkung. Stuttgart 2005, S. 1-45, hier S. 35.
[5] Schiller, Friedrich: Die Räuber. Ein Schauspiel, von Friedrich Schiller 1782. In: Friedrich Schiller: Schillers Werke. Nationalausgabe. Bd.22. Hg. von Herbert Meyer. Weimar 1958, S.115-131, hier S. 120.

als „totenbleich" bezeichnet (I, 1, S.12). In Folge dessen beschließt der Vater schließlich, seine Hand von Karl zu wenden, obwohl er ihn gleich darauf wieder „meinen Sohne" (I, 1, S.18) nennt. Der Vater wird mehr und mehr als schwach und krank charakterisiert, je weiter die Unterhaltung fortschreitet. Fühlt er sich selber zunächst noch wie ein „Fisch im Wasser" (I, 1, S.11), muss er sich kurz darauf setzten (I, 1, S. 12), verbirgt dann sein Gesicht (I, 1, S.12), „weint [...] bitterlich" (I, 1, S.13) und spricht am Ende der Unterhaltung von sich als „achtzigjährige[m] Mann" (I, 1, S.16). Darüber hinaus gibt er nur kurze, wenige Redebeiträge ab und ist nicht in der Lage, seine Bedürfnisse („Es ist genug – Lass ab!" (I, 1, S. 13), „Stille! O stille!" (I,1, S.15)) durchzusetzen. Neben dem Bild eines schwachen, alten Mannes vermittelt die Eingangsszene jedoch auch das Bild eines zärtlichen (Nebentext: „zärtlich" (I, 1, S.17)), liebenden Vaters („Schreib ihm das die väterliche Brust – ich sage dir, bring meinen Sohn nicht zur Verzweiflung." (I,1, S.18)) gegenüber Karl. Das Bild des schwachen, alten, liebevollen Mannes bleibt dann auch das ganze Stück über weiterhin bestehen. Der „Alte Moor" wird von unterschiedlichen Figuren als „Alter" (Franz, I, 1, S.18), „Kraftlose Knochen"(II, 2, S.55), „Weißlockigtes Haupt" (Amalia, II, 2, S.48) und „Greis" (Amalia, II, 2, S.49 und Karl, V, 2, S.142) bezeichnet, gleichzeitig wird er als „liebevolle[r], barmherzige[r] " (Amalia, I, 3, S.37), „göttlicher" Vater (Karl, V, 2, S.142) charakterisiert, der „sein Gebiet zu einem Familienzirkel" machte und „liebreizend, lächelnd am Tor [...] Brüder und Kinder" willkommen hieß (Franz, II, 2, S.58). Somit entsteht das Bild eines schwachen, zärtlichen Vaters und guten, idealen Herrschers im Sinne der Aufklärung.[6] Gerade dass der Vater aber die Rolle des zärtlichen Landesherren innehat und gegenüber seinen vor Kraft strotzenden Söhnen als liebender, aber schwacher Vater keine Autoritätsgewalt besitzt, führt in der Eingansgsszene dazu, dass Franz ein leichtes Spiel mit seinem Vater hat und dieser Franz gestattet, Karl in dem Brief zu schreiben, er habe die Hand von ihm gewendet. Geradezu naiv glaubt der Vater in dieser Szene all die Lügen, die ihm Franz auftischt, zeigt keine Zweifel, keine Ungläubigkeit, fragt nicht nach, leistet keine Gegenwehr[7] und verliert sich in Selbstmitleid und Passivität, indem er Franz das überlässt, was er als Vater und Herrscher eigentlich selbst zu tun verpflichtet wäre: Die Bestrafung des vermeintlichen Vergehens einer seiner Söhne. Der Vater wirkt in der vorliegenden Szene derart schwach und naiv, dass Franz sich nicht einmal anstrengt, seinen wahren Charakter zu verschleiern („[...]; aber mein Witz ist Skorpionstich. (I, 1, S.15)). Anhand des Dialogs wird deutlich, dass der Vater als liebender, aber schwacher, passiver Vater all das nicht tut, was Franz an der Ausführung der List gehindert hätte: Er fragt nicht nach, prüft

---

[6] Vgl. Michelsens, Peter: Der Bruch mit der Vater-Welt. Studien zu Schillers „Räubern". Heidelberg 1979 (=Beihefte zum Euphorion 16).
[7] Vgl. Sautermeister: Schiller: Die Räuber, S.29.

nicht nach und forscht nicht nach, er verfehlt es, seinen Sohn in die Schranken zu weisen und drückt sich vor der ihm obliegenden Pflicht, den vermeintlich ‚verlorenen Sohn' selbst zur Rede zu stellen. Gemindert wird die Schuldigkeit des Vaters hier allenfalls dadurch, dass Franz ihn von Anfang an förmlich in die Form des schwachen, kranken Vaters hineinpresst und mit geschliffener, versierter Redekunst praktisch ‚an die Wand redet'.[8] Letztendlich ist die Schwäche des Vaters jedoch Folie für die Kraft und Intrigen seines Sohnes Franz.[9] Somit hat sich der Vater an dieser Stelle verantwortlich dafür gemacht, dass Karl in Folge des Dialogs den von Franz geschriebenen Brief erhält, auf Grund der vermeintlich verlorenen Liebe seines Vaters Hauptmann wird und in dieser Funktion die Morde begeht. An dieser Stelle ist eine Schuldigkeit des „Alten Moor" durchaus zu erkennen.

Fraglich bleibt, wieso Karl auf die ihm überbrachte Nachricht derart emotional reagiert, dass er nicht einmal in Erwägung zieht, das Gespräch mit dem Vater zu suchen. Es bleibt zu klären, wieso Karl wie ein „blöder, blöder, blöder Tor", wie er sich selbst am Ende bezeichnet, den „einen Fußfall", die „eine Träne" (alles IV, 3, S.108) scheut, um das Verhältnis zum Vater und damit seine Weltordnung wieder in Ordnung zu bringen. Wieso reagiert Karl derart irrational, und welchen Anteil hat sein Vater daran, dass Karl lieber Hauptmann, Mörder wird, statt sich dem Problem in der direkten Auseinandersetzung zu stellen? Für die Beantwortung dieser Frage ist es interessant darauf einzugehen, wie Karls Kindheit und seine frühere Beziehung zu dem Vater beschrieben wird. In der Eingangsszene zählt Franz im Gespräch mit dem Vater diesem die positiven Eigenschaften auf, die er dem Knaben Karl angeblich bescheinigte. Er spricht von „feurigem Geist", „für jeden Reiz von Größe und Schönheit so empfindlich", von „Weichheit des Gefühls", „männliche[m] Mut", „schöne[n], glänzende[n] Tugenden" (alles I, 1, S.14). Franz umreißt hier das Bild eines idealen Mannes in Zeiten des Sturm und Drangs.[10] Karl betitelt er als „Vatersöhnchen" (I, 1, S.14), „Augapfel" des Vaters (I, 1, S.16). Karls Vater selber schwärmt von Karls „huldreiche[m], erwärmende[n] Blick" (II, 2, S.50), nennt ihn „Engel" und „Kleinod des Himmels" (II, 2, S.55). Karl wiederum charakterisiert seinen Vater mit dem Ausruf „Ein vortrefflicher Mann!" (IV, 2, S.97). Betrachtet man die entsprechenden Passagen, so wird deutlich, dass Karl stets das Glückskind eines auf ihn überstolzen, zärtlichen Vaters war. Wenn auch die Ausführungen von Franz zu der Beziehung zwischen Bruder und Vater gefärbt sind mit Ironie und Bitterkeit, so bleibt festzustellen, dass Karl Vatersöhnchen, Erstgeborener und Familienerbe ist. Seine Kindheit war in seiner Erinnerung geprägt von „Elysiumsszenen" (III, 2, S.87), und seine Knabenzeit wird von ihm als „goldene Maienjahre"

---
[8] Vgl. Michelsens: Der Bruch mit der Vater-Welt, S.94.
[9] Vgl. Ebd. S.94.
[10] Vgl. Sautermeister: Schiller: Die Räuber, S.34.

(IV, 1, S.95) glorifiziert. Darüber hinaus rechnet Karl von Anfang an wie selbstverständlich mit der Vergebung durch den Vater („[…] und wo Aufrichtigkeit ist, ist auch Mitleid und Hilfe. […] Die Verzeihung meines Vaters ist schon innerhalb dieser Stadtmauern." (I, 2, S.28)). Wer so hoch steigt fällt jedoch tief. Die vermeintliche Verstoßung durch den Vater muss für den, der nie Wiederstände erfuhr, dessen Zukunft in goldenen Tüchern war, eine unüberwindbare Katastrophe sein. Der Liebesentzug durch den Vater, der ihn bis zu diesem Moment alle Zeit abgöttisch liebte, ist für Karl die Existenzvernichtung schlechthin. Die Kränkung stürzt Karl in einen Zustand völligen Realitätsverlustes („Es ist unglaublich, es ist ein Traum, eine Täuschung- […]" (I, 2, S.35)). Für wie selbstverständlich Karl die Liebe seines Vaters ansah und wie sehr seine Vaterliebe an Gegenseitigkeit geknüpft war, erkennen wir daran, dass er nach Erhalt des Briefes von sich in der Vergangenheit spricht, er „habe ihn so unaussprechlich geliebt! So liebte kein Sohn, […]" (I, 2, S.35), um direkt danach sich in Mordgedanken gegenüber seinem Vater zu verlieren. Es scheint kein Wunder zu sein, dass der über alles geliebte Karl auf die vermeintliche Verstoßung durch den Vater gekränkt und außer sich vor Entsetzen statt besonnen und klug reagiert.[11] Durch seine übergroße Liebe gegenüber dem erstgeborenen Sohn gepaart mit seiner Schwachheit und Zärtlichkeit war der Vater außer Stande, Karl zu einem Menschen zu erziehen, der in Konfliktsituationen das Gespräch sucht, statt sich in Hass gegen die Menschheit zu verlieren. Kommt man aber zu diesem Schluss, so trägt der Vater nicht nur Schuld insoweit, als dass er die Intrige seines Sohnes Franz nicht verhindern konnte, sondern er schaffte es auch nicht, Karl zu einem Mann zu erziehen, der eine solche unverdiente Kränkung anders löst als dadurch, sich von „Blut und Tod […]vergessen [zu] lehren", was ihm „jemals etwas teuer war" (I, 2, S.36).

Aus den hier erarbeiteten Ergebnissen folgt, dass der Vater durch seine Schwäche die List seines Sohnes Franz ermöglichte und durch seinen Erziehungsstil gegenüber Karl dessen Entschluss, Hauptmann zu werden, als Reaktion auf diese List begünstigte. Da der Tod Amalias, der Tod des Vaters selber und die Todesfälle der Opfer der Räuberbande aber, wie festgestellt, auf Karls Entschluss, Hauptmann zu werden, zurückzuführen sind, trägt der „Alte Moor" folgerichtig eine große Mitschuld am Tod dieser Menschen. Gleichzeitig war er auf Grund seiner Schwäche nicht in der Lage, den jüngeren Bruder aufzuhalten, den älteren Bruder in seinem Haus wieder willkommen zu heißen und so das Bestehen der Familie aufrecht zu erhalten. Auch in dieser Hinsicht muss der Vater hier schuldig gesprochen werden.

---

[11] Vgl. Ebd. S.34f..

2.2. Franz – „Selbsthelfer als Verbrecher"

Fraglich bleibt, ob nicht Franz, als Urheber der List, die Hauptschuld an den Toten und der Zersprengung der Familienbande trägt. Franz ist schließlich derjenige, der in seinem ersten Monolog freimütig offenbart, Karl dem Vater aus den „Armen gerissen" zu haben (I, 1, S.18) und sich darüber freut, fähig zu sein, „einen Sohn vom Herzen des Vaters loszulösen" (I, 1, S.18). Franz ist auch jener, der kundgibt: „Ich will alles um mich her ausrotten […]" (I, 2, S.21). Es stellt sich die Frage, ob nicht Franz die endgültige Schuld an den Geschehnissen trägt und somit die Schuld des Vaters zu mindern ist.

Sowohl im Stück als auch in der Literatur wird Franz als „Unmensch" (I, 3, S.38), „Ungeheuer" (I, 3, S.39), „Bösewicht" (I, 3, S.40) oder „Monstrum"[12] bezeichnet. Schiller selbst schreibt in seiner Rezension, es gäbe für die Schlechtigkeit von Franz keinen Grund als „das armselige Bedürfnis des Künstlers, […], die ganze menschliche Natur in der Person eines Teufels, […], an den Pranger" zu stellen, sei Franz doch „im Kreis einer friedlichen, schuldlosen Familie"[13] aufgewachsen. Würde man dieser Beschreibung folgen, so bliebe ein Großteil der Schuld am Ausgang der Tragödie an der Figur Franz haften. Ohne ersichtlichen Grund würde dieser aufklärerisches Gedankengut mit seinem messerscharfen Intellekt und extremen Individualismus pervertieren.[14] Der Tatsache aber, Franz sei in einem schuldlosen Umfeld aufgewachsen, das keinen Anlass zur Fehlentwicklung bot, wiederspricht ein Teil der Forschungsliteratur –zu Recht- vehement. Nikolas Immer bezeichnet in seinem Werk „Der inszenierte Held" Schillers Darstellung der Familienverhältnisse als „euphemistisch"[15]. In den Räubern könne eine deutliche Ungleichbehandlung der Söhne erkannt werden, weswegen von einer Familie ohne Schuld nicht die Rede sein könne.[16] Gert Sautermeister nennt in seinen Ausführung zu den Räubern Franz gar einen „Selbsthelfer als Verbrecher", dessen Familie ihm „alles schuldig geblieben [sei], was der aufgeklärte Zeitgeist an humaner Erziehung forder[e]"[17]. Tatsächlich untermauert ein Blick in das Stück die Annahme, dass Franz Verhalten Folge einer lieblosen Kindheit sein könnte und er daher tatsächlich ein ‚Verbrecher aus Selbsthilfe heraus' geworden ist. Franz selbst wiederholt, wie sein Vater ihn als Kind nannte („trockne Alltagsmensch"; „der kalte, trockne, hölzerne Franz" (I, 1, S.15)) und thematisiert das Bestehen eines Unterschieds zwischen ihm und Karl in den Augen des Vaters („und wie

---

[12] Schiller: Die Räuber, S. 121.
[13] Ebd. S.122.
[14] Vgl. Borchmeyer: Die Tragödie vom verlorenen Vater, S. 162 f..
[15] Immer, Nikolas: Der inszenierte Held. Schillers dramenpoetische Anthropologie. Heidelberg/Memmingen 2008 (=Jenaer Germanistische Forschungen Neue Folge 26), S.221.
[16] Ebd. S.221.
[17] Sautermeister: Schiller: Die Räuber, S.26 f..

die Titelchen alle heißen mögen, die Euch der Kontrast zwischen Ihm und mir mocht eingegeben haben, […]" (I, 1, S.15)). Dass diese Unterstellungen von Franz nicht haltlos sind, beweist die Reaktion des Vaters, der hierauf mit der Bitte um Vergebung reagiert („Vergib mir, mein Kind; […]" (I, 1, S.15)). Nicht zu vergessen ist auch, dass Franz in dem zu der Zeit bestehenden System allein auf Grund seiner späteren Geburt nicht berechtigt war, das Erbe des Vaters anzutreten. Weiterhin ist Franz im Gegensatz zu Karl die Liebe einer Frau im väterlichen Haus nicht vergönnt. Wenn Sautermeister Franz also als „Verlierer der Familie" betitelt, als „gedemütigten Außenseiter der Familie"[18] beschreibt, so gibt ihm die Tragödie Recht. Wer aber ewig die Vaterliebe vermisst, von dem Vater in den Schatten des Älteren gestellt wird, ist unweigerlich auf sich selbst zurückgeworden und muss eine Strategie entwickeln, um den Schmerz durch Liebesmangel zu vergessen. Karl, dem der Vater scheinbar seine Liebe durch die List entzieht, wird als vaterloser Sohn zum Hauptmann, Franz, dem die Vaterliebe von Anfang an nicht in vollem Maße zu Teil wurde, wird als vaterloser Sohn zum Ungeheuer. Franz ist ein Verbrecher, aber es war der Vater, der ihn zu diesem machte. So bleibt dem Vater die Schuld an den oben genannten Todesfällen, die Schuld an dem Tod von Franz, der sich später selbst tötet, sowie die Schuld an dem Zerreißen der Familienbande uneingeschränkt erhalten. Ohne sein Verhalten Franz gegenüber in jungen Jahren, wäre dieser nicht zum Ungeheuer geworden, hätte seinem Bruder nicht durch eine List die Verstoßung durch den Vater vorgetäuscht und hätte Karl nicht aus Kränkung den Entschluss gefasst, der Hauptmann zu werden, als der er später kämpft und tötet.

3. Fazit

Die vorliegende Arbeit sollte eine Antwort darauf geben, ob der Graf von Moor Schuld am Unglück seiner Kinder ist und die Todesfälle im Stück, sowie die Zerreißung der Familienbande durch sein Verhalten verursacht hat. Dies hat sie getan. Dem Vater kann nicht nur, wie gezeigt, ein Unvermögen attestiert werden, seinen Sohn Franz und dessen verbrecherische List aufzuhalten, durch die Karl zum Hauptmannsdasein getrieben wird und den Tod zahlreicher Menschen veranlasst, ihm müssen auch schwere Erziehungsfehler gegenüber Karl und Franz vorgeworfen werden, die dazu führen, dass Franz die Familienbande zerreißen möchte und Karl nicht in der Lage ist, durch eine Auseinandersetzung mit dem Vater die Bande wiederherzustellen. Letztendlich resultieren die Fehler des Vaters aus dem Versuch, ein schwacher, zärtlicher, liebevoller Vater im Sinne aufklärerische Ideale zu sein. Dies sei ihm z Gute gehalten. Leider schlägt der Versuch Fehl, die Schwäche des Vaters führt zum Autoritätsverlust und wird damit Nährboden für die überstrotzende Kraft der beiden Söhne.

---

[18] Sautermeister: Schiller: Die Räuber, S.26f..

4. Literaturverzeichnis

Primärliteratur:

Friedrich Schiller: Die Räuber. Ein Schauspiel. Stuttgart 2001.

Forschungsliteratur:

Borchmeyer, Dieter: Die Tragödie vom verlorenen Vater. Der Dramatiker Schiller und die Aufklärung - Das Beispiel der "Räuber". In: Helmut Brandt (Hg.): Friedrich Schiller - Angebot und Diskurs. Zugänge, Dichtung, Zeitgenossenschaft. Berlin/Weimar 1987, S. 160 -184.

Immer, Nikolas: Der inszenierte Held. Schillers dramenpoetische Anthropologie. Heidelberg/Memmingen 2008 (=Jenaer Germanistische Forschungen Neue Folge 26), S.221.

Michelsens, Peter: Der Bruch mit der Vater-Welt. Studien zu Schillers „Räubern". Heidelberg 1979 (=Beihefte zum Euphorion 16).

Sautermeister, Gert: Schiller: Die Räuber. Ein Schauspiel (1781). In: Matthias Luserke – Jaqui (Hg.): Schiller-Handbuch. Leben-Werk-Wirkung. Stuttgart 2005, S. 1-45.

Schiller, Friedrich: Die Räuber. Ein Schauspiel, von Friedrich Schiller 1782. In: Friedrich Schiller: Schillers Werke. Nationalausgabe. Bd.22. Hg. von Herbert Meyer. Weimar 1958, S.115-131.

Zeller, Bernhard/Scheffler, Walter: Die Bilder. In: Bernhard Zelle (Hg.): Schillers Leben und Werk in Daten und Bildern. Frankfurt a. M. 1966, S. 205 – 449.

BEI GRIN MACHT SICH IHR WISSEN BEZAHLT

- Wir veröffentlichen Ihre Hausarbeit, Bachelor- und Masterarbeit

- Ihr eigenes eBook und Buch - weltweit in allen wichtigen Shops

- Verdienen Sie an jedem Verkauf

Jetzt bei www.GRIN.com hochladen und kostenlos publizieren

CPSIA information can be obtained
at www.ICGtesting.com
Printed in the USA
LVRC020335040419
612907LV00001B/6